HEINRICH SPAEMANN

Ehe es zu spät ist

EIN APPELL

KÖSEL

CIP-Kurztitelaufnahme der Deutschen Bibliothek

Spaemann, Heinrich:
Ehe es zu spät ist : e. Appell /
Heinrich Spaemann. - München : Kösel, 1983.
ISBN 3-466-20245-0

ISBN 3-466-20245-0

Gesamtherstellung: Kösel, Kempten
Umschlag: Günther Oberhauser, München,
unter Verwendung der Dokumentations-
aufnahme: Kreuzigungsgruppe in Stuttgart
nach einem Bombenangriff im II. Weltkrieg
(c) Hannes Kilian, Wäschenbeuren

Vorwort

Das Wort der deutschen Bischöfe "Gerechtigkeit schafft Frieden" appelliert an das verantwortliche Mitdenken aller Christen in einer Frage, die die Zukunft unseres Volkes und der Menschheit betrifft wie wohl kaum eine andere je zuvor. Aus solchem Anruf kamen die nachfolgenden Briefe an Kardinal Höffner, der dem Verfasser auf den ersten der drei schrieb: "... ich wäre Ihnen schon sehr dankbar, wenn Sie mir nach der Lektüre des Ganzen mitteilen würden, in welchem Punkt wir anderes oder mehr hätten sagen können."

Aber es war nicht nur dieses Hirtenwort, das den nachstehenden Beitrag zum Thema "Frieden und Abrüstung" provozierte, es war - kurz zuvor - die prophetische Stimme Reinhold Schneiders, die mich beim Gedenktag seines Todes nach 25 Jahren wie neu erreichte, nicht mehr los ließ und drängte, sie wieder hörbar zu machen.

Nicht im Grundanliegen, aber in der entscheidenden Frage der politischen Konsequenz differieren diese Briefe von der Auffassung der Bischöfe. Sie wären im innerkirchlichen Bereich verblieben, wenn nicht ein Letztes auf dem Spiel stünde, die Existenz unseres Volkes, vielleicht vieler Völker, unser Überleben, damit aber auch die Frage der inneren Ausrichtung eines jeden von uns auf den lebendigen Gott. Die fast untragbare Last, die auf denen ruht, die heute in Kirche oder Staat Verantwortung tragen, fordert unabweislich, daß wir alle sie mittragen, jeder nach seinen Möglichkeiten, in gleicher brennender Sorge.

Wie nie in früherer Zeit sind wir gefordert, das Weltganze vom Schöpfergott und seinem offenbarenden Wort her zu verstehen; wir Christen insbesondere haben uns in der Kraft des Geistes von Anspruch und Weisung des Evangeliums her einzubringen. Denn die Politik ist an jene Grenze gekommen, wo ihre Eigenperspektiven nicht mehr ausreichen, um eine Katastrophe abzuwenden. In dieser Situation bekommt die vielleicht stumme Stimme der Kleinen und Armen, der ungezählten Kinder und Wehrlosen, der nach Brot und Gerechtigkeit Hungernden, ein einzigartiges Gewicht. Die Wahrheit ist dort am gewissesten Nähe und Gegenwart, wo Leid, Not und Tod ringsum zur Betroffenheit von Menschen führen, die Mit-Leidende werden, die sich mitbetreffen und zum Erbarmen bewegen lassen.

Jesus ist sein Leben hindurch bis zum Tod der unmittelbaren und konkreten Betroffenheit von Leid, Sünde, Elend und Krankheit seiner Brüder und Schwestern nie ausgewichen, im Gegenteil, in eine solche Welt ging er hinein. Durch dreißig Jahre hindurch lebte er im Milieu der Geringen als Arbeiter in Nazaret. Dann war sein öffentliches Leben bis in das Sterben am Kreuz Schritt um Schritt Betroffenheit vom Elend der Ärmsten, der sich selbst Überlassenen, der Blinden, Lahmen, Aussätzigen, der Zöllner und am Ende der Opfer gnadenloser Gewalt. Aus der Begegnung und aus dem Mitsein mit ihnen vor allem gingen sein Tun und sein Wort je anders hervor und am Ende seine der Menschheit eine neue Zukunft öffnende Passion. Er selber sagt uns, daß diese Passion sich als die seine durch die Zeiten hindurch fortsetzt: "... ich war hungrig, durstig, krank, fremd, gefangen, obdachlos, ... was ihr dem Geringsten getan habt, das habt ihr mir getan."

Alle Träger von Macht und Rang sind gefährdet vom zunehmenden Defizit an Betroffenheit, an konkreter Begegnung mit den Armen, den Geringen und Wehrlosen - durch den Abstand in den sie ihr Amt bringt. Dieses Defizit führt dann zum Schwund im Begreifen der Wirklichkeit, die im Kreuz ihre Mitte und ihr Wasserzeichen hat, seit der Sohn Gottes auf Golgota starb, - im Schwund der Fähigkeit ihr gerecht zu werden. Mit der konkreten Ferne des Reichtums, der Macht, der Intelligenz, des gesellschaftlichen Ranges von Armut, Niedrigkeit und Verstoßung wächst unweigerlich immer die Gefahr von menschlicher Ungerechtigkeit. Wo keine Betroffenheit mehr ist, beginnt die Grausamkeit der Abstraktion - von der Liebe. Wer, zunächst vielleicht völlig unwillkürlich, zum Kreuz in Distanz gerät, beginnt es anderen aufzulegen. Nur Liebe, die aus vergebener Schuld für die eigene Verleugnung des Herrn kommt wie die des Petrus, und deren einzigartiger Dank es ist, daß sie fortan dem Anblick des Gekreuzigten und der Gesellschaft der Armen und Erniedrigten nicht länger ausweicht, nur sie hat Vollmacht, Verantwortung in der Welt für viele zu übernehmen. Das gilt für das kirchliche Amt, deren Träger nicht selten aufgrund von Intelligenz und anderen Gaben Karriere nach oben machen, während die des Mannes, der sagte "Ich bin der Weg, die Wahrheit, das Leben" auf den absolut letzten Platz zuging.

Entsprechendes gilt auch für die staatliche Obrigkeit. Man möchte wünschen, daß jeder Parlamentarier heute erst für eine halbe Stunde die Bildchronik Hiroshima - Nagasaki zur Hand nähme, bevor er in Beratungen eintritt, deren Thema Militärisches ist; besser noch, daß er vor jeder neuen Beratungsperiode, in der es um solche Fragen geht, eine Woche lang Pflegedienst tun oder Nachtwache halten würde bei Krebskranken, in Sterbekliniken, bei Schwerunfallverletzten, bei Hautverbrannten, in Blindenheimen und auf Kinderstationen. Er wäre, ohne es vielleicht zu ahnen, dem Gekreuzigten begegnet und trüge den Maßstab für Wahrheit in sich. Weder Intelligenz noch Eloquenz, weder Versiertheit im politischen Spiel noch sonst ein menschliches Potential legitimieren schon zur Verantwortung für ein Volk in äußerster Gefahr. Wer sie übernimmt, an ihr teilhat, muß sich fragen lassen: ist er ein Betroffener von der Wirklichkeit einer armen und wehrlos leidenden Welt, ist er ein Mitbetroffener von der Entsetzlichkeit der Leiden, die uns bevorstehen könnten, wenn es zu einem Krieg käme? Gibt es in ihm aufgrund von Leiderfahrung, (die auch der Mitleidende hat), eine ihn ständig begleitende und zuinnerst verwundende Ahnung seiner Seele von der Möglichkeit einer Endkatastrophe, vom entsetzlichen plötzlichen Sterben Unzähliger? Wenn er diese Ahnung nur überspielt, wenn er sich - vom politischen Schachspiel absorbiert - in Distanz hält von allen angstvoll aufgerissenen Augen, bleibt er auch auf höchstem Posten nicht bewahrt davor, daß ihm der rettende Weg der Wahrheit von den "Mächten und Gewalten, den Weltbeherrschern der Finsternis" (Eph 6,12) weggelogen wird.

Heinrich Spaemann

Briefe an Kardinal Höffner zur Frage der Abrüstung

Überlingen, den 28. April 1983

Sehr verehrter Herr Kardinal,

erlauben Sie mir einen aus Gewissensnot kommenden "Schrei", mit der Bitte mich anzuhören und mir, wenn auch nur kurz, zu antworten.

Ich habe soeben Auszüge aus dem Hirtenbrief der Deutschen Bischofskonferenz zu Frieden und Abrüstung gelesen. Was mich darin zuinnerst erschreckt: Sie überlassen es letztlich den Politikern und Militärs, zu entscheiden, welche und wieviele Mittel bereitgestellt werden müssen, "die zum Zweck der an Kriegsverhütung orientierten Abschreckung erforderlich sind." Sie tun das in dem Wissen, daß unsere Bundesrepublik sich in den führenden Vertretern bereits dafür entschieden hat, daß wir Deutschen, falls die Genfer Verhandlungen, was wahrscheinlich ist, zu keinem Ziel führen, auf unserem Territorium Abschußrampe für amerikanische Mittelstreckenraketen werden, wobei es dann absolut nicht mehr in unserer Hand liegt zu entscheiden, welchen Gebrauch diese Großmacht von ihren Möglichkeiten machen wird. Damit lassen Sie es zu, daß die praktische Bereitschaft zum Einsatz von Atomwaffen auf unserer Seite bestehen bleibt, und daß unsere Soldaten, fast ausnahmslos getaufte Christen, sich in das entsprechende Waffensystem einüben lassen. Nach der klaren Lehre des Evangeliums bedeutet nun aber, etwas absolut Böses wie den Einsatz von Atomwaffen auch nur zu planen, um Böses zu verhüten, daß man das eigene Innere tötet. Ich kann es bis jetzt nicht anders sehen.

Sie wissen vielleicht, daß auch mein Sohn Robert in seinem Vortrag anläßlich der Verleihung der Thomas-Morus-Medaille den gleichen Standpunkt vertreten hat. Er nannte das System der sogenannten strategischen Atomwaffen mit großem Zerstörungsradius eine "institutionalisierte Frivolität" und erklärte, daß Drohung mit solchen Waffen zum Zweck der Abschrekkung mit Verantwortungsethik nichts mehr zu tun habe.

Beim Propheten Daniel (7) symbolisieren Raubtiere die Großreiche, die im Bereich des Fürsten dieser Welt angesiedelt sind. Das Symbol des Erlösers ist das Lamm. Er sendet die Seinen "wie Lämmer unter die Wölfe." (Lk 10,3)

Er weiß, daß darin für sie ein Lebensrisiko liegt wie für ihn. Lämmer, die auf die Wölfe zukommen, wecken in diesen ja geradezu den Instinkt, sie zu zerreißen. Tausenden von Christen ging es darum in den ersten Jahrhunderten ans Leben, wie auch heute in großen Bereichen der Welt, einfach darum, weil sie Christen waren - freilich hatte ihr Christsein zur Folge, daß in ihrem Umfeld die Welt sich veränderte, daß die Menschen einer andern Art Herrschaft als die der Zwingherren das Herz schenkten. Wölfe bekommen es mit der Angst, wenn sie Artgenossen verlieren. Diese Veränderung im Umfeld der Christen beruhte und beruht darauf, daß Jesus Lämmern eine größere Macht gibt als Wölfen - die können nur zerreißen und töten - Lämmer bekommen die Vollmacht, aus Wölfen Lämmer zu machen, sie in ihre eigene Natur zu verwandeln.

Gewaltlose sollen und werden am Ende Gewalttätige zur Gewaltlosigkeit bekehren. Gewiß geht der Unterschied Lamm - Wolf oft auch noch mitten durch das Herz der Gewaltlosen hindurch; aber indem sie ihrer Sendung durch den Gekreuzigten vertrauen, siegen sie über das Wölfische in sich selbst und zugleich in der Welt.

Warum sucht man nicht mit allen Mitteln dieses gläubige Siegesbewußtsein und Vertrauen in ihnen zu wecken und zu nähren? Statt dessen geschieht Umgekehrtes: man läßt es zu, daß Gläubige ungläubig den wieder aus Herz und Auge verlieren, der sie auf den Weg zur Nachfolge sendet; daß sie es angesichts der Wölfe mit der Angst bekommen und denken, man muß dem Wolf auf jeden Fall doch ein ebenbürtiger, ja womöglich ein noch gefährlicherer Wolf sein, damit er einem nichts tut.

Zweifellos kann man nicht von allen Christen eines Volkes erwarten, daß sie begreifen, was Nachfolge Jesu ist, man darf ihnen auch nicht das Anderssein des

Jüngers Jesu als Gesetz auferlegen. Aber ebensowenig darf man ein dem Geiste Jesu diametral widersprechendes Denken und Verhalten wie ein christlich legitimes und vor Gott verantwortbares hinstellen oder dulden, - gerade in einer Zeit und Stunde äußerster Gefährdung nicht, in der herauskommt, was im Menschen und was im Christen ist. Das hieße die Wahrheit und ihren Weg verraten.

Wenn Lämmer die Denkweise der Wölfe übernehmen, wenn sie ihrerseits auf Drohung mit mörderischen Gewaltmitteln setzen, dann haben die Wölfe aus Lämmern Wölfe gemacht und sie so ihrem Hirten entrissen. Das könnte am Ende schlimmer sein, als wenn sie sie getötet hätten (s. Mt 10,28). Denn der gute Hirte weidet ja keine Wölfe, ganz gleich welcher Religion und Weltanschauung sie angehören. Was die Menschen im Gericht unterscheidet, ist einzig, ob sie dem Lamme folgten, wohin es geht, oder ob sie Wölfe waren.

Herr Kardinal, ich sehe heute eine Gefahr für die Seele der Christenheit, ja der Menschheit, die tödlicher ist als die Kernspaltung mit ihrem möglichen Einsatz für weltweiten Tod: das wäre der in seinem Wesenskern gespaltene Mensch. Denn das ist er doch, ein zuinnerst gespaltener, als Mensch, erst recht als Christ, wenn er Gottesverehrung für vereinbar hält mit der Herstellung und Bereitstellung solcher Schöpfung und Menschheit vernichtenden Mordwaffen und der Einübung in ihren

Gebrauch. Damit würde der "Menschenmörder von Anbeginn" (Joh 8,44), der Spalter von Wesen, sein Endziel erreichen. Der Mord beginnt nach Jesu Wort ja in der Verborgenheit innen, in der Bereitschaft des Herzens. Diese Vorentscheidung bereits, die Teilnahme am gnadenlosen "Volk gegen Volk und Reich gegen Reich" (Mt 24,7), wäre dann die Besiegelung der durch alle Zeiten sich fortsetzenden Kreuzigung Jesu, der Durchstoß seiner Seite, die Spaltung seines Herzens, diesmal aus der Mitte der Christenheit kommend - ein Getaufter der Militärmacht besorgt sie, stellvertretend für eine wölfisch gewordene Welt.

Seit Monaten gehen diese Gedanken mit mir um und rauben mir den Schlaf. Ich wäre Ihnen sehr, sehr dankbar für Ihre Antwort.

Überlingen, den 18. Mai 1983

Sehr verehrter Herr Kardinal,

ich bin Ihnen sehr dankbar, daß Sie mir das Wort "Gerechtigkeit schafft Frieden" zugesandt und die Gelegenheit angeboten haben, zum Ganzen des Schreibens Stellung zu nehmen. Es ist Ihnen gewiß lieb, wenn ich mich dabei kurz fasse.

Dieser Hirtenbrief ist ein großes und gründliches Friedensdokument, aber es enthält in seinen praktischen Direktiven genau die rettenden Konsequenzen nicht, die sein erster bibelexegetischer Teil impliziert und in dieser Weltstunde unausweichlich fordert.

Nukleare Waffen werden gebaut für Handlungen, die - so sagt "Gaudium et Spes" - "ein Verbrechen gegen Gott und die Menschheit" sind. Sie sind vom Bösen. Ihre Herstellung, Aufstellung, Bereitstellung ist ein Widerspruch zum Geiste Jesu, wie er fürchterlicher nicht gedacht werden kann. Und die Spirale gegenseitiger Abschreckung mit diesen Todeswaffen ist auf einen Punkt gelangt, wo jede nächste Drehung weiter nach oben, (mag sie auch immer unter Berufung auf notwendige Gleichrüstung geschehen), die Endkatastrophe herbeiführen kann: den Holocaust, zuerst den der Bundesrepublik. - Die Kirche kann meiner Überzeugung nach in dieser Weltsituation nur eines tun: ein klares, eindeutiges, kompromißloses Nein zu jeder

Form von Weiterrüstung und Nachrüstung sagen. Statt dessen toleriert das Hirtenschreiben weitere Schritte in dieser Richtung, "soweit diese *nachweislich* der Kriegsverhütung dienen". Jeder Politiker, jeder General wird sich stark machen, diesen Nachweis zu führen. - Ebenso nimmt das Hirtenwort auch weiter Massenvernichtungsdrohung hin, "wenn die gesamte Sicherheitspolitik auf das Ziel der Kriegsverhütung ausgerichtet ist". Alle Staatenlenker, die atomar rüsten, werden behaupten, daß sie kein anderes als dieses Ziel haben. - Ist aber nicht jedes nur politische Kalkül in dem Verbrechensbereich, in dem wir uns mit unseren atomaren Waffen bewegen, und den das Dokument "Der Hl. Stuhl und die Abrüstung" als "Blindheit, Unrecht, Irrtum, Vergehen, Wahnsinn, *kollektive Hysterie*" bezeichnet, per se zum Scheitern verurteilt? Wir Menschen sind dem Mysterium des Bösen, wenn seine Stunde für die Menschheit kommt, wie für Jesus in der Getsemaninacht, nicht gewachsen, sondern nur ausgeliefert, in ihr Spiel mithineingezogen, wenn wir uns weiter vermessen, als kühle Rechner in Computerzentralen oder im Verhandlungszimmer mit ihm fertig zu werden. Auch Staatsmänner und Abgeordnete sind jetzt unausweichlich genötigt, sich aus dem Denkraster hergebrachter politischer, mit Machtspielen arbeitender Kategorien zu lösen und zu erkennen, daß angesichts dieser ganze Erdteile oder die Menschheit schlechthin bedrohenden Gefahr jeder Rechenstift versagt.

Wenn das Leben und die Zukunft eines ganzen Volkes, eines Kontinents, vielleicht der Menschheit auf dem Spiel stehen, gibt es nur noch eine Rettung, den strikten Gehorsam gegenüber dem Evangelium des lebendigen Gottes, unseres Schöpfers und Erlösers. Dem im Glauben Gehorsamen hat Gott seine rettende Hilfe versprochen, nicht dem, der auch jetzt noch fortfährt, seine Sicherheit von Mächten und Waffen abhängig zu machen, die Gott und der Glaube verurteilen. Diese Götzen gehören zuerst einmal verbrannt, - einer nach dem andern; die getauften Menschen der westlichen Welt müssen unbedingt den Anfang damit machen, auch wenn die atheistischen Sowjets es ihnen nicht sofort gleichtun, weil sie nur ihre Waffen kennen und von ihnen den Sieg erhoffen, wie seiner Zeit die Kanaanvölker von ihren Idolen, während Israels Existenz im Glauben an den Gott des Abrahambundes seine Gewähr und seine Zukunft hatte. "Glaubt ihr nicht, so bleibt ihr nicht", so zitiert der Hirtenbrief mit Recht den Ruf des Propheten Jesaja an sein Volk zu einer Stunde, da es auf politisches Kalkül und Großmachtbündnis statt auf Bundestreue seinem Gott gegenüber setzte. Es "blieb" bis auf einen deportierten Rest in der Tat nicht, weil es nicht glaubte.

An der Kapellentür unseres Hospitals hatten wir durch mehrere Wochen ein Bild hängen, das zwei kleine Kinder zeigte, auf einem Bahngleise vertrauensselig spielend, entzückend anzusehen, jeder blieb unwillkürlich davor stehen; dann kam einem der Gedanke: wie, wenn ein Zug kommt und sie überfährt? Er wird doch unbedingt vorher halten? Aber wenn er doch nicht früh genug bremst? - Die Menschheit sitzt in einem Zug, der auf hunderttausende solcher Kinder und unzählige andere wehrlose Menschen zurast, auf ein Welt-Hiroshima zu, wenn hier niemand mehr rechtzeitig genug die Bremse zieht. Es gibt nur eine Instanz, die das vielleicht noch könnte: die Kirche. Sie müßte jetzt die Stimme Jesu sein. Sein Wort "Wer das Schwert zieht, wird durch das Schwert umkommen" könnte auf globaler Ebene wahr werden; er hat es an Petrus gerichtet, jetzt gilt es zunächst einmal seiner Kirche. Sie muß es sich sagen lassen, und sie muß es weitersagen, zu allen Christen hin, die Gerechtigkeit und Liebe suchen und noch nicht wirklich begriffen haben, daß es jetzt erst ganz ernst wird mit ihrem Christsein, ihrem Anderssein, - und weiter zu jedem Menschen hin, der noch meint, mit Gewaltmitteln dieser Welt die Sache Gottes verteidigen zu können. Ein Bekehrungsruf solcher Art erreicht die Machthaber des Ostblocks möglicherweise nicht. Es könnte sein, daß diese ihre expansive Chance wahrzunehmen suchen, wenn der Westen den ersten und immer wieder den ersten für die andere Seite wirklich glaubhaften Schritt auf Abrüstung hin tut. Aber Gott selbst verantwortet den Gehorsam gegen ihn, auch und gerade dann, wenn dieser Gehorsam nicht auf schon gemachten Erfahrungen gründet, sondern zu ungeahnten, ja unwahrscheinlichen Erfahrungen bereit ist. Nur Gehorsam kann noch Zukunft schaffen, und sei es durch eine äußerste Passion hindurch. Man sagt uns, der Verzicht auf Nachrüstung und atomares Gleichgewicht fordere erst recht den Krieg heraus. Wir Christen wissen mit Bestimmtheit nur eines, daß wir die heutigen Kriegswaffen nur noch abbauen dürfen, wir wissen nicht, wie die Geschichte darauf antworten wird. Gott aber, das wissen wir, verantwortet alles, was dem begegnet, der im Glauben an ihn nicht auf Mittel verbrecherischer Gewalt setzt. Das in Ewigkeit gültige Zeichen dafür ist Jesus, der auf Golgota Gekreuzigte. Ausgerechnet von dieser Stelle der absoluten Wehrlosigkeit aus hat er die Welt der Macht des Bösen entrissen und sie aus Todesangst befreit, und er wird es auch ferner tun. Das Kreuz wird das Siegeszeichen der Endzeit sein. Wer sich bedingungslos zu ihm bekennt, wird Anteil bekommen am Mysterium des Erlösers und der Erlösung, am Sieg der Gewaltlosigkeit über die Gewalt. - Sollte die Kirche in ihrer institutionellen Existenz, und darum vielleicht auch in ihrem Denken, in dieser Weltstunde noch mit der sie begünstigenden Staatsmacht wirklich so verzahnt sein, daß ihr die innere Freiheit fehlt, den getauften Menschen ins Angesicht zu widerstehen, die dabei sind, das Leben der Menschheit aufs Spiel zu setzen? Ich kann mich nur weigern, solches zu denken. Die getauften Menschen einer noch "christlichen" westlichen Welt jedoch, die ihr äußeres Überleben tatsächlich durch gottesbundbrüchige Nachgiebigkeit gegenüber der sie beschützenden Staatsmacht mit dem Tod von vielleicht hundert Millionen Menschen des Ostblocks erkauften, würden vermutlich als Institution "Kirche" weiterbestehen, aber sie hätten ihren Glaubenskern preisgegeben, um eine Schale zu retten. Umgekehrt hat doch der Glaube einer Christenheit, die sich in ihren ersten Jahrhunderten mit einem klaren Nein gegenüber jeder evangelienwidrigen Zumutung der Staatsmacht auch um den Preis des Martyriums behauptete, das Durchdringen der Frohbotschaft über den Erdkreis bis zu uns hin erst ermöglicht und bewirkt.

Die Kirchenleitung hat die begreifliche Sorge, daß unser christliches Volk in der Bundesrepublik unter ein atheistisches Regime kommen könnte. Darf sie gleichwohl auch nur den geringsten Kompromiß mit der politischen Macht in Hinsicht auf die Einsatzbereitschaft von atomaren Waffen schließen?

Mit Recht tut sie seit langem alles, um ungeborenes Leben vor der Tötung zu schützen. Hält sie in der gleichen Konsequenz ihrer Verantwortung für die Menschheitsfamilie, soweit es nur an ihr liegen kann, die Hand über das zur Welt geborene Leben von ungezählten armen und wehrlosen Menschen, die Opfer eines Nuklearkrieges werden könnten? Protestiert sie ebenso leidenschaftlich, öffentlich und beharrlich wie in der Sache des § 218 gegen die Tatsache, daß Tag um Tag viele Tausende von Kindern sterben müssen, weil man das Geld zu ihrer Ernährung am gleichen Tag für die Herstellung der fürchterlichsten Todeswaffen ausgibt?

Zur Christenheit des Westens gehören vielleicht eine halbe Milliarde Menschen. Wenn sich unter der Führung der Bischöfe und Pfarrer nur 50 Millionen von ihnen mit unzähligen anderen Armen und Gewaltlosen der Welt zu jenen Kindern auf die Bahngleise setzten, jeder auf seine für ihn praktikable Weise, könnte der Zug nicht weiterfahren.

Vielleicht bewirkt die Gefährdung der Menschheit, daß wir Christen endlich wieder bereit sind, uns als solche zu verstehen, uns als Christenheit vom Gott des Lebens in Verantwortung nehmen zu lassen und uns als Jüngergemeinschaft zusammentun. Vielleicht geschieht so endlich auch Entscheidendes für unsere Wiedervereinigung im Glauben: durch solch tathaft gemeinsames Glaubensbekenntnis zu unserem gekreuzigten Herrn Jesus Christus als dem Retter der Welt.

Überlingen, den 8. Juli 1983

Sehr verehrter Herr Kardinal,

Sie schrieben mir am 9. Mai, ich möchte Ihnen nach der Lektüre des ganzen Briefs der Deutschen Bischöfe mitteilen, in welchem Punkt Sie anderes oder mehr hätten sagen sollen. Das habe ich getan. Sie haben nun auf mein Schreiben vom 18. Mai nicht mehr geantwortet. Sicher darum nicht, weil das Wort der Deutschen Bischöfe Ihrer Überzeugung nach ja schon alles enthielt, was Sie verantwortlich zur Frage Frieden und Abrüstung sagen konnten. Nun wage ich, an der Endgültigkeit dieses Hirtenwortes ähnlich zu rütteln, wie der lästige Mann (Lk 11,1-8) an der Tür des Freundes oder die arme Witwe (Lk 18,2-6) an der des Richters. Gäbe es diese Gleichnisse Jesu nicht - (und für die Bittsteller in diesen Parabeln steht Entsprechendes auf dem Spiel wie für mich) -, so hätte ich wohl kaum mehr den Mut zu diesem dritten Brief.

Ich kann nicht umhin, noch einmal auf den biblischen Aspekt der Lage unseres Volkes und der Völker heute hinzuweisen: Dem Menschen, der sich vermißt, weisungslos alles wissen und können zu wollen, - wofür ja als Chiffre die seinem Eigenzugriff verwehrte Frucht vom Baum der Erkenntnis des Guten und des Bösen steht (vgl. Gen 2,17) - wird von Gott als Konsequenz der Tod angekündigt. Entsprechend sagt Jesus in der Getsemaninacht dem Jünger, der im

Begriff ist, das Jüngersein preiszugeben, indem er nach der tödlichen Waffe greift, auf solche Weise werde er ebenso umkommen wie seine Gegner. Beide Bibelstellen, so zeigt es sich endzeitlich, gehen nicht nur den Einzelnen an, sondern die Menschheit, heute in erster Linie und unmittelbar unser Volk.

Reinhold Schneider sagte prophetisch im Rückblick auf den zweiten Weltkrieg und den Holocaust von Auschwitz, den deutsche Menschen auf dem Gewissen hatten: "Einer Schuld gegenüber, die nicht ihresgleichen hat, ist auch ein radikales Umdenken geboten, das nicht seinesgleichen hat." Unser Umdenken in letzter Stunde, aus der Wurzel bereuter Schuld an Gottes Volk Israel kommend, könnte jetzt menschheitrettende Bedeutung haben. Vollziehen wir dieses Umdenken nicht, nachdem Gottes Geduld 38 Jahre zugewartet hat, riskieren wir unseren eigenen Holocaust.

Wenn die den Nuklearmächten und ihren Bündnispartnern anvertrauten und zugleich ausgelieferten Menschen angesichts der Möglichkeit einer kollektiven Vernichtung grauenhaftester Art entsetzt fragen: wie geht es weiter? - kann und darf die Antwort doch nicht lauten: noch einmal weiterrüsten, nachrüsten! Das hieße in einem letzten Schritt der Verstiegenheit, der äußersten Vermessenheit wiederum auf die eigene grauenhaft ins Böse pervertierte, im Nuklearpotentiel sich darstellende, Mächtigkeit und Schlauheit und die Drohung mit ihr setzen. Darf das sein, kann das sein, - ohne daß die Kirche dazu ein "Halt!" sagt, ein klares NEIN herausschreit, in einer Sprache, die alles Theologendeutsch durchbricht, die unmittelbar jeder versteht!?

Herr Kardinal, Herbst 1981 sagten Sie selbst vor der Deutschen Bischofskonferenz in Ihrem Bericht "zur Lage": "Die Vorräte an nuklearen, biologischen und chemischen Waffen nehmen ständig zu. Wenn auch nur ein enger Kreis von Spezialisten über die Einzelheiten Bescheid weiß, steht doch fest, daß die bisher gelagerten Waffen an Zahl und Zerstörungskraft ungeheuerlich sind. (...) Die Bedrohung wächst ins Unvorstellbare. 'Man häufe nur das entsprechende Material auf, und es wird sich unfehlbar des Teuflischen im Menschen bemächtigen und mit ihm losmarschieren', schreibt C.G. Jung."

Was Sie jetzt protestlos auf unserem Boden als "Nachrüstung" zulassen wollen, ist doch nichts anderes als ein weiteres Anhäufen des "entsprechenden Materials", von dem Sie mit C.G. Jung sagen, es werde sich unfehlbar des Teuflischen im Menschen bemächtigen und mit ihm losmarschieren.

Es gibt in dieser Weltstunde nur noch eine Rettung: unsere bedingungslose Anheimgabe an den, der uns erschuf, die Umkehr ohne jedes "aber" und "erst noch" (Lk 9,59-61).

"Kehrt um und glaubt!", diese Devise gaben dem letzten Katholikentag die Bischöfe der Bundesrepublik. Warum, um Gottes willen, befolgen sie selbst in einem entscheidenden Dokument zur Weltlage ihre eigene Losung nicht? Warum weichen sie zurück vor der unausweichlichen Glaubenskonsequenz?

Herr Kardinal, noch wäre eines denkbar: ein Appell aller Kirchenleitungen an die Bundesregierung, eine Volksbefragung zuzulassen - vor dem endgültigen Ja zur Stationierung amerikanischer Mittelstreckenraketen auf deutschem Boden. Wann hätte ein Volk denn mehr ein Recht darauf, selbst gefragt zu werden, als wenn es schlichtweg um sein Überleben geht? Das ist doch einfach menschliches Grundrecht, vom Schöpfer sanktioniertes Naturrecht!

Im Namen ungezählter Christen bitte ich Sie inständig, wenigstens diesen Appell zu erwägen und zu wagen.

Die Stimme Reinhold Schneiders

Vor 25 Jahren starb Reinhold Schneider. Zu diesem Gedenktag erschienen Aufsätze und wurde viel Gutes gesagt. Reinhold Schneider starb wie Teilhard de Chardin am Osterfest. Das hebt jeder hervor, der an ihn erinnert. Was dabei aber bisher allzuwenig zur Sprache kam, war die lange Passion, die diesem zeichenhaften Datum vorausging und ihm die Bedeutung des Prophetischen gab. Ich denke hier nicht so sehr an die Jahrzehnte seines körperlichen Leidens, sondern - aus dem Wissen der Begegnung mit ihm - an das, was ihm innerlich zu leiden auferlegt war. Er war der Jeremias unserer Jahrhunderthälfte.

Das Ende des 2. Weltkriegs und der nationalsozialistischen Ära war für ihn wie für viele Gleichgesinnte zunächst eine Erlösung wie von einem furchtbaren Alpdruck. Die Hoffnung lebte auf, es könnte eine Wende im Denken der Menschheit entstehen, eine Wende vor allem in unserem Volk; diesem Gericht könnte eine Bekehrung folgen, ein Aufbau des Friedens und, - nach der Erfahrung mit fürchterlichen städtevernichtenden Todeswaffen - eine Abkehr auf immer vom Krieg. In Vorträgen und Aufsätzen warnte damals Reinhold Schneider vor einer Verdrängung der deutschen Schuld; denn verdrängte Schuld werde das innere Dasein des deutschen Volkes heillos vergiften. Schuld aber sei keineswegs die verbrecherische Tat allein (- die anderen sind es gewesen! -), sondern sie bestehe schon im Denken tödlicher Gedanken, im Mitwünschen verbrecherischer Wünsche, in der gleichgültigen Teilhabe an der Atmosphäre einer Tat. "Wir müssen jetzt lernen, den Frieden zu denken statt des Krieges. Wir stehen nach Hiroshima vor ganz neuen Gewissensfragen" (1946). An seinen Freund Bernt von Heiseler schrieb er im Oktober 1950: "Wie die Vergangenheit sich abgefunden hat mit dem Widerspruch zwischen Evangelium und kriegerischer Gewalt, weiß ich nicht: Wohl dem, für den dieser Widerspruch wenigstens ein heilloses Leiden war. Heute kann man Gewalt nur ausüben oder behaupten, wenn man die Mitschuld an der Verwendung modernster Waffen auf sich nimmt. Denn zu denken, daß deren Anwendung durch Verträge ausgeschlossen werde, halte ich für absurd. Ich sehe daher in dieser Zeit die Forderung nach radikalem Umdenken: Einer Schuld gegenüber, die nicht ihresgleichen hat, ist auch etwas geboten, was nicht seinesgleichen hat."

Zu solchen Konsequenzen bekannte sich Reinhold Schneider auch öffentlich. Er wandte sich gegen die Befürworter der deutschen Wiederaufrüstung. "Ich kann mich nicht mit dem abfinden", schrieb er 1951, "was heute Christen für erlaubt oder geboten halten: die Herstellung von

Waffen unserer Zeit. Es geht mir nicht darum, ob der Nichtchrist einen Krieg für gerecht hält, sondern ob der Christ ihn vor seinem von Christus aufgerufenen Gewissen für gerecht halten kann. Es geht auch nicht einmal darum, ob die Waffen angewendet werden oder nicht; das Erfinden, das Denken, das Herstellen der Waffen ist Sünde." In seinem Tagebuch schreibt er: "Personale Verteidigung der Seinen und seinerselbst steht einem jeden frei. Was aber den Verteidigungskrieg angeht, so wird er sich unabwendbar fortsetzen in das Nichtverantwortbare. Das Christentum ist in die Passion eingetreten, in ihr, nicht im Waffenkampf ist fortan Heldentum."

Von dem Augenblick an, da Reinhold Schneider sich der Remilitarisierung "aus christlichem Glauben und politischen Gründen" widersetzte, sah er sich einer systematischen Verdächtigungskampagne ausgesetzt. Rundfunkanstalten, Zeitschriften und Zeitungen veröffentlichten keine Beiträge mehr von ihm. Eigenständiges Denken in dieser Frage wurde, wie Gustav Heinemann (damals, 1951, CDU) sagte, "durch gesellschaftliche Ächtung erstickt, eine lautere Seele wie Reinhold Schneider durch Diffamierung gequält". "Ich gelte als Kommunist, neuerdings als geistig umnachtet, werde todgesagt ... und möchte nichts weiter sein als ein lebendiger Christ", so schrieb der Dichter damals an seinen Freund Werner Bergengruen.

Gegen Ende seines Lebens gab es keinerlei Ablenkung und keine Argumente, die ihn über diese Enttäuschung hinwegbrachten. Das Phänomen der Bemächtigung war das Trauma seiner letzten Jahre. Wie wenige wußte er um die positiven Gesichtspunkte gerechter und rechtmäßiger Macht. Das Thema ihrer Entartung verließ ihn nicht mehr. Es verfolgte ihn bis hinein in die Wahrnehmung der ihm höllisch vorkommenden Akribie von niedrigsten und abstrusesten Vorgängen im Tierreich - er besuchte damals öfter das Naturkunde Museum in Wien: "Die Raubwespe springt zwischen die aus der Erde ragenden furchtbaren Kieferzangen der in ihrem Loch steckenden Raublarve, lähmt die Beute durch einen Stich in den Hals, ohne sie zu töten, und legt in der lebendigen Bruthöhle ihre Eier ab. Die Larven der Wespen nähren sich nur von frischem Fleisch." - "Der Seestern bricht die lebendigen Muscheln auf, stößt den Magenschlauch hinein und trinkt sie leer wie ein Ei." - "Von den Haien, die sich über die Walrosse werfen, von der Seite her, ist nichts zu sagen. - Oder vom Frosch, der, aufrecht stehend wie ein Mensch, von dem ihn umschnürenden Egel ausgesaugt wird."

Wer das Buch "Winter in Wien" kennt, weiß, daß sich Feststellungen dieser Art wie ein roter Faden durch die letzten Aufzeichnungen des Dichters hindurchziehen. Das Schaurige dabei ist, wie er beständig menschliche Formen durch diese Vorgänge der Lebenserhaltung und -gewinnung um den Preis der Bemächtigung

Aussaugung und Vernichtung von wehrlosem Leben hindurchspielen sieht. Eben darum drängen sich ihm diese Bilder auf, ohne ihn loszulassen. In den Abnormitäten der niedrigen Natur spiegelt sich ihm die Erbarmungslosigkeit einer Geschichte, wie Menschen sie machen, wenn sie sich in einer letzten zynischen Folgerung jeder Verantwortung vor Gott entziehen: alles erliegt dann dem Gesetz: Macht durch Bemächtigung, Leben durch Ausbeutung, Lust durch Aussaugung und Vernichtung des anderen.

Reinhold Schneider hat das kommende Grauen geschaut, das entsetzliche Leid der wehrlos vergewaltigten Kreatur und "am Ende den am Himmel sich ausbreitenden Glutpilz". "Ich kann nicht sagen", so schrieb er in seinem Tagebuch, "was ich in den Straßen, in den Nächten empfinde. Mit zermartender Monotonie hämmern mir die Worte in den Ohren: Nur der Adler ist da, der Adler, das verzehrende Völkergeschick, der von unseren, der Völker Eingeweiden lebt, und ich kann nicht wünschen, daß ich ihn nicht erblickt hätte. Nur manchmal nimmt er mich mit hinauf und läßt mich seine Freiheit erleben!"

Man muß die biblische Stelle vom Adlerschrei im Buch der Geheimen Offenbarung (8,13), die ihm plötzlich zuweht, und die ihn dann nicht mehr losläßt, im Zusammenhang lesen, um zu ahnen, was sie für ihn enthielt, für uns enthält: "... und es entstand Hagel und Feuer mit Blut gemischt und wurde auf die Erde geworfen, und der dritte Teil der Erde verbrannte, und der dritte Teil der Bäume verbrannte und alles grüne Gras verbrannte." "... und der dritte Teil des Meeres wurde Blut, und es starb der dritte Teil der Geschöpfe im Meer, die Leben haben, und der dritte Teil der Schiffe ging zugrunde." "... und es fiel aus dem Himmel ein großer Stern, brennend wie eine Fackel, und er fiel auf den dritten Teil der Ströme und der Wasserquellen. Und viele von den Menschen starben durch die Wasser, weil sie giftig geworden." "... und geschlagen wurde der dritte Teil der Sonne und der dritte Teil des Mondes und der dritte Teil der Sterne, damit der Tag nicht scheine zu seinem dritten Teil und ebenso die Nacht." "... und ich sah und hörte einen Adler fliegen im Himmelsraum, der mit lauter Stimme schrie: Wehe, wehe, wehe über die Bewohner der Erde ..." "... und ich sah den aus dem Himmel gefallenen Stern, und es wurde ihm der Schlüssel zum Brunnen der Hölle gegeben. Und er öffnete den Brunnen des Abgrundes, und Rauch stieg aus dem Brunnen auf wie der Rauch eines großen Ofens, und die Sonne wurde verfinstert und die Luft durch den Rauch des Brunnens ..." (Offb 8,7 - 9,2). - Was ist der Sinn dieser apokalyptischen Weherufe? Uns in Panikstimmung zu bringen? Das Gegenteil. Das göttliche Vorauswissen, das in solchen Texten aufstrahlt, und das für den Glauben niemals die Identität mit Gottes Liebe verliert, will mit seinem Licht alle noch so massiv sich aufdrängenden Vernebelungen und Verdunkelungen weltmächtiger Drohung wie Verführung durchdringen, um uns die endzeitlich notwendige Kraft des Ausharrens im Geiste Jesu zu geben. Es bleibt ja nicht beim Adlerschrei - für die, die ihn hören. Der gleiche Adler nimmt auch in die Freiheit hinauf. Der Aufblick zum Herrn des Lebens und der Geschichte beteiligt uns an seiner Sicht der Geschehnisse; nur so kann uns die am Ende alles mitreißende Dynamik der Finsternismächte das Gewissenslicht nicht rauben, nur so nicht dem Ziel allen Lebens entfremden.

Wir schulden es Reinhold Schneider in seinem Gedenkjahr, daß wir ihm, diesem Propheten, nicht eines der üblichen Denkmäler bauen, wie sie jeweils den Horizont einer Zeit umstellen und zieren, sondern daß wir seine beschwörende Botschaft hören. Zur Hitlerzeit galt jede Äußerung als defaitistisch, ja verbrecherisch, die nicht opportun war in Hinsicht auf Ziele der Staatsmacht. Es darf nicht dahin kommen, daß wir uns auch heute wieder aus politischer Vorentscheidung die Ohren zuhalten, wenn uns der Einspruch biblischer Wahrheit erreichen will. Die Stimme Reinhold Schneiders kommt aus keiner anderen Quelle, sie kommt aus einer Vision, von Wirklichkeit, die wirklicher ist, als politisches Kalkül und Computerprognosen es wahrhaben möchten.

Grundlegend zum gleichen Thema
ist im Kösel-Verlag erschienen:

Heinrich Spaemann
Macht und Überwindung des Bösen
(Reihe Doppelpunkt) 1979
88 Seiten. kartoniert